I0410676

LE DOGUE
ALLEMAND

François Kiesgen de Richter

ISBN-13: 978-1539949183

ISBN-10 : 1539949184

SOMMAIRE

FAISONS CONNAISSANCE   Page 4
GÉNÉALOGIE   Page 6
APERÇU DU STANDARD   Page 8
VIVRE AVEC UN DOGUE ALLEMAND   Page 10
LE CSAU ET LE TAN   Page 15
LE COMPORTEMENT   Page 17
LES SIGNES D'APAISEMENT   Page 19
LES POSTURES   Page 23
CHOISIR SON CHIOT   Page 24
L'ARRIVÉE DU CHIOT   Page 29
LA PROPRETÉ DU CHIOT   Page 35
LA VIEILLESSE DU CHIEN   Page 37
L'ÉDUCATION DE BASE   Page 40
LA SANTÉ   Page 44
LA NOURRITURE   Page 46
LA SEXUALITÉ   Page 47

FAISONS CONNAISSANCE

Le dogue allemand réunit un physique et un caractère exceptionnel. Il saura prendre les mêmes habitudes que son maître. Ce mimétisme l'amènera à s'asseoir sur le canapé, pour regarder la télé à côté de sa famille. Très vite vous vous apercevrez qu'il est plus qu'un chien, mais un membre de la famille à part entière de la famille qui réclamera beaucoup de caresses et de câlins.

Partout où il passera, il ne laissera personne indifférent ou tout le monde se retournera sur son passage. Son ample et souple démarche attirera forcément le regard. Lorsqu'il sera à l'arrêt, on sera impressionné par son port de tête noble et fier.

Son maître ne devra pas se montrer autoritaire, car le dogue allemand est un tendre qui se vexe. Comme il est très obéissant il suffira à son maître de lui apprendre les codes et les procédures qu'il voudra qu'il adopte et une fois adulte ce sera définitivement acquis.

Le dogue allemand est un exclusif, qui sera très fidèle et dévoué, car sa famille est tout pour lui.

Sa beauté est légendaire au point qu'il est surnommé l'apollon de la race canine. Il partage avec « l'Irish Wolfhound » le titre de plus grande race de l'espèce canine.

L'éducation du dogue allemand, doit commencer dès son plus jeune âge : d'abord à l'élevage, puis chez vous dès son arrivée. Il atteindra cinquante kilos ce qui pourra rendre sa maîtrise extrêmement difficile.

Il sera têtu jeune, car il a du caractère et même si son

éducation est aisée, elle est indispensable ce qui le réserve à un maître averti. Il faut préciser que sa croissance longue et que sa maturité est tardive. Il faudra être patient et se rappeler que ce chien à 18 mois est encore un gros bébé.

Il faudra commencer à mettre en place la hiérarchie dès son arrivée chez vous et entreprendre sa socialisation après la semaine de découverte de son nouveau chez lui. Et surtout vous devrez l'habituer dès sa première sortie à ne pas tirer sur la laisse, sinon gare à vous pour maîtriser un tel phénomène physique.

Mais, et c'est très important, le dogue allemand devient solide vers trente mois. Il est très fragile pendant sa croissance. Il faudra éviter à l'intérieur de chez vous : les glissades sur le carrelage, et les escaliers. Il faudra éviter à l'extérieur : les sauts, comme bondir dans le coffre de la voiture d'un bond et tous les franchissements d'obstacles. Vous devrez prévoir un budget conséquent car ce colosse à de l'appétit, mais surtout il exigera de la qualité pour répondre à son besoin de croissance. Une alimentation sèche du type Biofood, associée à des compléments carné et avec régulièrement des apports de BARF complexes vitamines et minéraux sera idéale. Compte tenu de sa fragilité pendant sa croissance il vous faudra régulièrement consulter un vétérinaire pour vérifier son évolution en plus des vaccinations. C'est une race revient assez cher.

GÉNÉALOGIE

Le chien est avant tout un animal avec des comportements issus de son parcours génétique, en tenir compte vous permettra de mieux comprendre votre dogue allemand.

La domestication du chien est intervenue longtemps avant celle de toutes les autres espèces domestiques actuelles. Elle précède de plusieurs dizaines de milliers d'années la sédentarisation et l'apparition des premières fermes agricoles.

Les chiens sont issus du Loup gris (Canis lupus) domestiqué à plusieurs endroits du monde. La découverte d'une lignée de loup aujourd'hui éteinte : le loup Taïmyra est à l'origine de la divergence entre le loup et le chien.

La relation entre humains et canidés sauvages est très ancienne. Des restes de loups ont été retrouvés en association avec ceux d'hommes il y a 400 000 ans.

Les chasseurs-cueilleurs et les loups avaient plusieurs points communs : ils appartenaient à des espèces sociables, ils partageaient le même habitat et ils se nourrissaient des mêmes proies.

Des louveteaux capturés tout jeunes et élevés par des hommes s'apprivoisaient et se socialisaient facilement, d'autant plus qu'ils dépendaient de leurs maîtres pour leur alimentation. En sélectionnant les chiens et en les croisant en fonction de leurs aptitudes et de leurs physiques : le plus petit avec le plus petit, celui court sur pattes avec son semblable, le museau le plus plat avec un autre museau plus plat, le plus rapide avec le plus rapide, le plus agile avec le plus agile, les poils longs avec les poils longs…, l'homme obtint les races que nous connaissons.

Il est extrêmement important de savoir que tous les ascendants de nos amis chiens ont commencé leur existence par une évolution commune. Les aspects instinctifs de nos chiens sont identiques à ceux du loup. C'est très vrai pour le dogue allemand.

À l'origine c'était une race de chien nommée « Alain » et d'origine iranienne, qui était utilisée comme chien de guerre, puis qui à la fin du Moyen Âge, n'eut plus d'utilité dans les combats guerriers. Alors elle fut utilisée, compte tenu de ses aptitudes, pour la chasse à courre au sanglier.

Le mot « dogue » désignait initialement un grand chien puissant, souvent de race indéterminée, mais qui chassait formidablement bien le gros gibier.

Il y eut des croisements avec le « bullenbeisser », qui était une race élevée pour la pratique des combats contre des taureaux puis avec des « Bouledogues anglais ».

Ce qui est certains c'est qu'en 1870, le chancelier Bismarck, qui possédait deux chiens typés dogue allemand d'aujourd'hui, créa la race en Allemagne. La nationalité allemande fut attribuée au dogue allemand à Berlin en 1878. En 1880, le premier standard fut rédigé. La première exposition du dogue allemand a eu lieu à Hambourg en 1963.

Probablement les ancêtres du dogue allemand actuel sont le Bullenbeisserer, le Hatzrüden (chiens courants) et le Saurüden (chiens vautres). Le dogue allemand a été nommé Dogue d'Ulm, Dogue anglais, Danois, Hatzrüde, Saupacker et Grosse Dogge. Aujourd'hui son standard est fixé

APERÇU DU STANDARD

La race du dogue allemand est allemande depuis 2012. C'est un chien de compagnie, de garde et de défense. Il fait partie du groupe 2 Chiens de type Pinscher et Schnauzer-Molossoïdes Chiens de montagne et de bouvier suisses.

En France ils existent d'un côté le club français du dogue allemand et d'autre part l'association des amis du dogue allemand. Je vous invite à consulter les deux organismes, mais pour le choix d'un chiot le doggenclub qui sélectionne des élevages est à mon avis une garantie.

Je vous donne les indications les plus importantes du standard du dogue allemand pour juger au mieux d'un futur compagnon et si vous souhaitez faire concourir votre chien en beauté.

Le corps est presque inscriptible dans un carré. Cela est particulièrement vrai chez le mâle. Les femelles peuvent être un peu plus longues.

La tête est en harmonie avec l'ensemble, allongée, étroite, nettement dessinée mais pas cunéiforme, expressive, finement ciselée (en particulier sous les yeux). La distance de l'extrémité de la truffe au stop doit être autant que possible égale à la distance du stop à la protubérance occipitale qui est peu marquée. Les lignes supérieures du museau et du crâne doivent être absolument parallèles. Vue de face, la tête doit paraître étroite, le chanfrein étant aussi large que possible.

Le dos est court et tendu, presque rectiligne, descendant très légèrement vers l'arrière. En aucun cas montant vers l'arrière ou trop long.

La croupe est large, bien musclée, légèrement inclinée du sacrum à la naissance de la queue, elle se fond sans heurt dans l'attache de la queue. La croupe n'est ni avalée ni horizontale.

La poitrine descend jusqu'au niveau des coudes. Les côtes sont bien cintrées, allant loin vers l'arrière. La cage thoracique est de bonne largeur et de bonne hauteur avec un poitrail bien marqué sans que le sternum soit trop en saillie. Les côtes ne sont ni plates ni en tonneau.

La queue atteint le jarret. Ni trop longue ni trop courte. L'attache est haute et large. La queue n'est ni attachée trop haut ni trop bas et elle n'est pas trop grosse. Elle s'amenuise progressivement jusqu'à son extrémité. Au repos, elle pend en position détendue naturelle. En action ou quand le chien est excité elle se courbe légèrement en sabre mais sans former de crochet et sans s'enrouler. Elle ne dépasse pas trop la ligne du dos et elle n'est pas déviée latéralement. La queue en brosse n'est pas souhaitable.

Le Dogue Allemand est reconnu en trois variétés de couleur indépendantes : fauve et bringé, noir et arlequin, bleu. Fauve : Robe allant du jaune or clair au jaune or intense ; le masque noir est recherché. Pas de fauve gris, bleu ou suie. Pas de marques blanches. Fauve Bringé : Fond de la robe allant du jaune or clair au jaune or intense avec des rayures noires aussi régulières que possible et nettement dessiné qui suivent la direction des côtes ; ces rayures ne sont pas délavées. Le masque noir est recherché. Pas de marques blanches. Arlequin (blanc bigarré de noir) : Fond de la robe d'un blanc pur, autant que possible sans la moindre moucheture, avec des taches d'un noir de laque au contour déchiqueté, de dimensions variées, bien réparties sur toute la surface du corps. Les taches partiellement grises, bleues ou brunâtres de même que des mouchetures d'un gris bleu sont indésirables. Il se trouve des dogues gris bigarrés de noir (qui portent des taches noires sur un fond gris prépondérant). Ils ne sont pas recherchés mais ne sont pas non plus exclus. Noir : Noir de laque. Des marques blanches sont admises à la poitrine et aux pieds.

Un dogue allemand qui mord par peur, qui est agressif ou qui montre un seuil de réaction trop rapide, ne pourra pas être confirmé. D'où l'importance du choix de la lignée et de la socialisation en bas âge. La couleur de robe sera un élément prépondérant de confirmation. Je vous invite à consulter le standard de race

VIVRE AVEC UN DOGUE ALLEMAND

Le dogue allemand et la compagnie des autres chiens ?

Il est impressionnant physiquement mais ce n'est pas un féroce, s'il a été socialisé il n'y aura pas de difficulté avec ses congénères.

La compagnie d'un chat est-elle possible ?

Pourquoi pas s'il est chiot, c'est à vous de fixer les règles, et il n'y aura pas de souci. A contrario s'il n'a pas été habitué aux chats il essayera de s'imposer et il faudra faite très attention car un chat donne des coups de griffes ciblés sur les yeux.

Un dogue allemand n'est-il pas un risque pour les enfants ?

Tous les chiens sont un risque pour les enfants, et il faudra toujours surveiller. Le dogue allemand aime les enfants et si l'éducation de base est acquise ils seront de vrais copains. Les enfants doivent respecter des règles : comme ne pas tirer les poils du chien, ne pas le martyriser, le plus important sera que le dogue allemand puisse rejoindre son coin et il sera interdit aux enfants de le suivre.

Est-ce un chien plutôt affectueux ou sauvage ?

Il sera affectueux et ce sera un pot de colle avec ses maîtres, mais il sera très méfiant envers les étrangers et sa voix et sa stature sont très impressionnantes. Il n'est pas sauvage, ni un féroce avec un intrus. Il se contente de prévenir et d'impressionner, mais il ne faudra pas le chercher. Il mettra un certain temps à analyser le danger.

Pourra-t-on le promener sans laisse en campagne ?

S'il est parfaitement éduqué et travaille en sport canin sans laisse en étant vigilant ce sera possible dans certains cas bien spécifiques ou le terrain le permettra. Il faudra régulièrement tester le rappel, et l'ordre d'arrêt immédiat. La marche sans-laisse doit dans tous les cas être enseigné progressivement, le chien doit revenir en marche au pied du maître sur ordre. L'idéal est d'avoir testé le chien pendant son éducation par des sollicitations diverses. Sachez qu'avec une longe vous pouvez le promener sans risque. D'un avis général un dogue allemand doit être sous contrôle et donc en laisse, sauf à être un maître très averti.

En appartement, puis-je avoir un dogue allemand ?

Il adorera votre canapé. Il faudra le porter dans les escaliers jusqu'à trente mois. Si vous le sortez au moins une heure matin midi et soir il n'y aura pas de problème. Il n'est pas très sportif, et n'a pas besoin de se balader pendant plusieurs heures, c'est plus un adepte des longues siestes sur le canapé. Mais contrairement à d'autres chiens de grande taille qui n'aiment pas trop l'exercice, le dogue allemand a besoin d'entretenir sa musculature et une activité canine sera importante une fois par semaine. Pourquoi ne pas pratiquer la cani-rando, et également l'agility mais pas avant trois ans en compétition, avant il faudra y aller tout doux. Le dogue allemand a des capacités pour le pistage et l'obéissance et vous pouvez envisager de la compétition dans ces deux domaines.

Est-il adapté à la vie en ville ?

Il doit se dépenser chaque jour, l'appartement et la ville sont possibles, mais loin d'être son idéal. Il prévient très bien et sa voix ne passe pas inaperçue.

Supporte-t-il la solitude ?

C'est un chien d'intérieur qui ne supporte pas la solitude.

Pour qu'il l'accepte il faudra à votre retour des caresses et des câlins. Un dogue allemand sait parfaitement se faire comprendre. Dans tous les cas, il faudra être patient et lui apprendre progressivement à rester seul dès son plus jeune âge.

Quels sont ses plus grands défauts ?

Il ronfle, bave, il perd ses poils, il est têtu jusqu'à ses trente mois ce qui exige un maître expérimenté ! et surtout il est pot de colle. Parfois il a des lubies liées à son exclusivité pour son maître ou sa maîtresse. Il pourra par exemple se monter exaspérant si vous êtes nus et que vous allez vers sa maîtresse, ou vous empêcher d'aller sur le lit avec sa maîtresse. C'est un possessif. Je me base sur mon expérience avant trois ans, j'ai vécu cela et ensuite c'est passé, mais j'éduque mes chiens en permanence.

N'oubliez pas qu'il aura très vite la tête au-dessus des tables ou du comptoir de la cuisine alors apprenez-lui à ne pas se servir.

A-t-il des problèmes de santé spécifiques ?

Durant ses premières années, il faut être extrêmement vigilant au niveau de son alimentation. À plus forte raison durant les premiers mois, où sa croissance est importante. Il faudra absolument être en confiance avec un vétérinaire ou à un éleveur spécialisé.

Le Dogue Allemand doit suivre un régime très précis et équilibré : pas de manque ni d'excès. Même consigne au niveau de l'activité physique. Une fois l'âge adulte atteint, c'est un chien robuste et résistant, mais qui supporte mal le froid.

Enfin, c'est l'une des races les plus menacées par la dilatation-torsion d'estomac. Il faudra fractionner les repas, éviter les efforts brusques et intenses après le repas ainsi que le stress et savoir en reconnaître les symptômes est nécessaire pour tout propriétaire de dogue.

Sinon si vous avez pris un chiot en élevage recommandé et que les géniteurs ont suivi les protocoles de dépistages du club de race, il n'y a aucun souci.

Comment le nourrir ?

Une alimentation à base de croquettes Bio premium de bonne qualité (Bio Food) pour lui assurer une bonne croissance, et pour les connaisseurs, un complément avec une alimentation à base de viande ainsi que des compléments BARF pour les vitamines et minéraux. De l'huile de saumon parfois pour entretenir son poil, et des compléments alimentaires s'il fait du sport du canin.

Il pourra très vite avoir un problème de poids surtout s'il n'a pas d'activité.

Un conseil d'éducation ?

Le dogue allemand jeune est un chien têtu, il faut lui faire accepter vos règles et votre éducation. Il pourra atteindre 40 à 50 kg et il faudra le maîtriser dans toutes les situations.

Il faut lui inculquer tout ce qui est possible dès ses premiers mois, même si c'est un chien a priori sans problème de comportement.

Il ne faut jamais utiliser la force, et ne jamais essayer de le « dominer ». Vous auriez tout faux. Avec ce genre d'éducation, non seulement vous risquez d'abîmer la relation avec votre chien et de perdre sa confiance mais en plus, vous risquez de le rendre méfiant et agressif envers vous.

Il ne faut pas chercher à développer de la méfiance envers les étrangers, qu'il a déjà naturellement. Il faut juste lui laisser le temps de grandir et de s'affirmer, c'est essentiel pour un dogue allemand.

Gardez en tête qu'il n'aura pas fini de se former avant trois ans et donc continuez de le socialiser et si possible toute sa vie !

Toilettage et entretien du dogue allemand

Un passage à l'étrille lors de la mue et un bain annuel est suffisant. C'est un chien peu salissant qui ne demande que peu d'entretien. Vous devrez tout adapter à votre molosse : son collier, ses coussins, ses jouets, etc. Cela peut paraître bénin, mais c'est un budget plus conséquent que pour un plus petit chien.

LE CSAU ET LE TAN

À partir de 12 mois, dans le cadre des animations du club de race, des nationales et régionales d'élevage le dogue allemand, peut être présenté au CSAU. Le Certificat de Sociabilité et d'Aptitude à l'Utilisation est un examen obligatoire pour tout sport canin.

Le CSAU a pour objectif de mettre en évidence la sociabilité et l'équilibre d'un chien vis-à-vis de l'homme mais aussi de ses congénères.

Pour le dogue allemand, les épreuves sont les suivantes :

Contact avec des étrangers en la présence et en l'absence de son maître. Attitude aux caresses d'un étranger, en présence du maître. Contrôle du tatouage ou de la puce à l'aide d'un transpondeur. Réaction aux bruits inhabituels en la présence et l'absence du maître sachant que le bruit est toujours produit au minimum à cinq mètres de l'animal et que les coups de feu sont interdits. Croisement avec des congénères : une distance d'un ou deux mètres devra être respectée entre les deux chiens. Marche en laisse sans tirer même si quelques tensions sont tolérées. Passage du maître et de son chien à travers un groupe de personnes. Exercice d'absence du maître : celui-ci se cache de la vue du chien durant 30 secondes. Exercice de rappel au pied : le maître place son chien à une vingtaine de mètres et le rappelle au pied.

Le dogue allemand, est sans épreuve de travail. Il est interdit au mordant en compétition et donc aussi en club.

Néanmoins il existait un TAN qui à ses débuts indiquait que le testeur procède à une caresse depuis la tête jusqu'à la queue en passant sur tout le dos, puis vérifie manuellement la présence des testicules, pour les mâles puis observe les dents et vérifie le numéro de tatouage ou de transpondeur. Ensuite, tenu en laisse par son maître, le sujet devait circuler dans le public sans manifester de peur ou d'agressivité et à proximité de ses congénères.

Aujourd'hui par le « dogen club de France » propose un nouveau Tan plus conséquent que je vous propose de découvrir sur leur site, car il n'est pas agréé par la SCC.

LE COMPORTEMENT

La famille devient pour le chien la représentation de la meute. Le rôle du chien dans le clan est important. Il essayera de s'imposer comme le chef, pour contrer cela, il faudra lui donner un rôle dans le clan, et l'inciter à respecter la hiérarchie.

Sachez qu'entre douze et quatorze mois le chien fera certainement une crise d'adolescence avec quelques bêtises, en général c'est un peu de destructions, comme des chaussures par exemple. Lors de sa crise d'adolescence le chien testera son maître, il faudra rester stoïque et ferme. Un dogue allemand est impressionnant, il pourra se monter féroce sans une éducation pointue.

Enfin, des chiennes en période de chasse modifient le comportement d'un mâle, un dogue allemand sera très compliqué à gérer. Donc il faudra soit castrer soit utiliser un dispositif réversible de limitation des poussées hormonales.

La majorité des problèmes de comportements canins, en dehors des périodes de chasse, viennent de ce que le chien n'est pas à sa place au sein de la famille qui est une représentation de la meute.

Si vous avez des enfants, il est indispensable qu'ils connaissent les positions d'apaisement du chien. Aussi il faudra leur expliquer les limites de l'interaction avec le chien. Un dogue allemand mordra si des enfants lui tirent les poils, ou le martyrise d'une quelconque façon. Il est donc utile que le chien ait un refuge, comme son panier à l'intérieur, et un endroit à lui dehors, et il devra être éduqué à toujours l'évitement avec vos enfants, leurs amis et les invités.

Le dogue allemand, n'est pas docile et parfois il est têtu, il faudra toujours que son maître affirme les règles.

Il ne faut pas être surpris si le caractère primitif du dogue allemand apparaît dans les situations où il est en présence d'intrus considérés par lui comme tels. C'est un chien de garde.

En conclusion l'éducation et la socialisation sont indispensables, l'école du chiot sera un passage obligé. Ensuite les bases acquises il faudra une activité canine.

Bien sûr il y a des personnes qui n'éduquent pas, ne font pas d'activités, mais il faut savoir qu'avec des chiens à fort atavisme il y a un réel risque et ce sera un jour ou l'autre un accident ou un problème à cause d'un comportement inattendu. Avec une éducation appropriée vous évitez cela. Aussi, cela réduira les abandons.

Croyez-moi L'éducation c'est crucial, et c'est possible en club avec un coût modeste. Un dogue allemand vaut la peine de cet effort.

LES SIGNES D'APAISEMENT

Les signaux d'apaisement sont les canaux utilisés par le chien pour communiquer.

Le bâillement est l'un des signaux d'apaisement les plus courants et les plus fréquemment utilisés par le chien. Le chien baille avant tout pour se calmer lui-même. Il s'agit donc plus d'un signe d'auto apaisement, voire de relaxation. Bâiller permet au chien de se détendre.

Tourner la tête légèrement de côté quand vous le fixez dans les yeux, signale que le chien ne veut pas de confrontation. Le fait de fixer dans les yeux est interprété comme un défi par les chiens. Le chien tournera probablement sa tête, lorsque vous serez en colère, agressif et menaçant. Si vous lui mettez de la « pression » en vous penchant au-dessus de lui pour le caresser ou si vous rendez vos sessions d'éducation trop longues ou trop difficiles, votre compagnon pourra faire un mouvement très bref avec les yeux ou la tête uniquement quand vous lui parlez, ou encore rester avec la tête tournée de côté. Attention si le chien lors d'un reproche ne prend pas cette attitude cela voudra dire qu'il vous fait face !

Se lécher les babines : Est un signal utilisé fréquemment dans des situations tendues. Il sera très souvent précédé d'un autre signal d'apaisement, tel que le bâillement, détournement de tête ou sentir le sol. Attention si le chien n'enchaîne pas c'est qu'il vous fait face.

Le reniflement de la terre : Cette attitude est souvent vue lors de la rencontre entre deux ou plusieurs chiens, ou à l'approche d'un congénère. Également dans les endroits bruyants ou encore devant des objets inconnus.

Uriner : Nous prenons souvent ce comportement comme un marquage alors que le chien tente d'apaiser quelqu'un ou de s'apaiser lui-même. Il ne faut pas le punir pour cela. Si ce comportement est associé à un détour, le chien a peur. Le simple fait de prendre un ton plus enjoué fera cesser ce comportement.

Se gratter, se secouer : Dans une situation qui les met mal à l'aise, ou si le chien arrive dans un endroit inconnu, ou vit une situation nouvelle, vous verrez très fréquemment un chien se secouer ou se gratter. Il est très probable qu'à l'approche d'une personne inconnue ou stressante de par sa posture physique, le chien se retourne et se gratte, ou se secoue juste après le premier contact. Cela sert à son propre apaisement ou à l'apaisement des vis-à-vis. Attention si le chien n'enchaîne pas c'est qu'il va faire face.

Marcher lentement : Est un signal typique d'apaisement, le chien est mal à l'aise et cherche à vous calmer. Votre chien vient-il très lentement quand vous l'appelez ? Alors dépêchez-vous de changer la tonalité de votre voix. Il peut également faire cela lorsque vous l'attachez et à chaque fois que vous le rappelez. C'est une position qui indique qu'il n'aime pas quelque chose et il vous le reproche. Il n'y a aucune agressivité dans ce signal.

Se déplacer au ralenti : A pour but de calmer quelqu'un. Le chien le fait souvent en détournant le regard ou en levant la patte, avec un air mal à l'aise. L'homme interprète souvent mal cette attitude et s'énerve encore plus lorsque le chien traîne derrière lors de la marche au pied ou revient très lentement. Pourtant, plus nous allons appeler le chien de façon insistante, voire énervée ou agressive et plus il va ralentir. Il y a lieu de porter une attention toute particulière à cette attitude lors des cours d'éducation… il se peut que le chien soit fatigué et vous le montre de cette manière. Il pourra arriver vers vous en faisant un (des) détour(s).

Le chien arrive en faisant un (des) détour(s) : Si lorsqu'il est en laisse votre chien souhaite faire un détour à l'approche de quelque chose d'inquiétant pour lui - homme/animal/objet -, mais pas forcément pour vous, laissez-le faire. Les chiens ne s'approchent jamais des étrangers de face, cela est considéré comme une menace dans leur langage. Faire des détours face à un congénère ou un humain, permet au chien de montrer qu'il n'a aucune mauvaise intention envers lui. Attention de bien lire ce code, car si le chien arrive droit cela indique que le chien souhaite l'affrontement.

S'asseoir : Si votre chien s'assied systématiquement lorsque vous lui demandez de vous obéir, il faut impérativement prendre un ton moins menaçant pour interrompre clairement l'agression, le stress ou la peur.

Se retourner : Le chien tourne le dos à l'objet ou la personne qui le menace pour montrer qu'il n'a aucune intention agressive, et il fait de même si le comportement de son vis-à-vis le dérange ou l'inquiète. Selon la situation, il peut également le faire pour montrer son manque d'intérêt, voire son dédain face à quelqu'un. L'humain peut facilement reproduire cette attitude en se retournant lorsqu'un chien lui saute dessus, et ainsi lui montrer que cette attitude le dérange.

Se mettre sur le dos : si le chien se roule sur le dos en exposant son ventre et sa gorge et qu'il a les oreilles couchées en arrière, la tête sur le côté, les yeux à moitié fermés, le front lisse, ainsi que la queue ramenée sur le ventre, il s'agit d'une attitude de soumission absolue.

Sternum à terre - fesses en l'air : c'est une attitude de demande de jeux.

Pour avoir une communication avec leur entourage direct, les chiens ont un langage essentiellement corporel, à travers lequel ils utilisent la posture du corps entier, les oreilles, la queue, la tête, le regard et les mimiques faciales. En additionnant et en combinant les signes avec lesdites parties de leur corps, ils vont demander un contact social, faire un appel au jeu, reconnaître un supérieur hiérarchique ou encore menacer.

Malheureusement, la plupart des maîtres interprètent souvent à tort le langage corporel du chien et le comparent aux attitudes humaines.

Le fait de pouvoir décoder correctement les messages évitera les incompréhensions.

Apprendre à comprendre le langage de votre chien entraîne des sensations nouvelles et des plaisirs insoupçonnés dans votre relation avec votre chien.

Il est très important de toujours garder à l'esprit qu'il s'agit d'une interprétation de leur langage, et qu'en aucun cas, on ne peut être convaincu de l'exactitude des déductions. L'humilité et le respect sont donc de mise, avant de tirer des conclusions trop hâtives.

Enfin sachez que le chien qui n'est pas compris utilisera son dernier recours, à savoir une réaction défensive pour se protéger (morsure). N'oubliez pas l'étiologie, le chien descend du loup.

Les signaux d'apaisement ont pour but de diminuer et de prévenir l'agressivité, le stress et la peur. Ils permettent l'installation d'une relation de confiance, de sécurité et de compréhension mutuelle entre le chien et le maître.

LES POSTURES

La posture indique assez précisément l'état émotionnel et les intentions du chien.

Dans la posture de tranquillité, la queue est portée haut, les oreilles sont pointées vers l'avant, le port de tête est haut. Tous ces signes révèlent le chien bien psychologiquement.

Dans la posture de défi, la queue est raide et immobile, les poils de l'échine dorsale sont dressés, les oreilles sont tendues vers l'avant, la gueule est entrouverte laissant apparaître les crocs, et la position bien campée. Tous les signes indiquent que le chien a l'intention de vous soumettre ou soumettre son adversaire. Stoppez immédiatement le chien.

Dans la posture de menace craintive, la queue est basse, les oreilles sont couchées, la gueule est largement ouverte, tous les poils sont dressés. Le chien menace mais sans assurance, tous les signes indiquent la peur. Quand un chien menace de cette sorte il va assurément mordre. Un Berger Portugais éduqué de façon autoritaire, pourra réagir ainsi.

Dans la posture de menace assurée, la queue est portée haut et agitée, les oreilles sont vers l'avant, le regard est fixe, autant de signes qui révèlent une tentative de domination sur un rival ou sur vous.

Dans la posture de complète soumission, la tête est basse, les oreilles sont légèrement couchées, la queue est baissée.

CHOISIR SON CHIOT

Vous devez vous assurer pour votre chiot que l'éleveur répond aux obligations du club de race. Le doggen club de France effectue un travail remarquable.

OBLIGATIONS DES ÉLEVEURS du doggen club de France :

1. Respect rigoureux des règlements d'élevage de la F.C.I. (disponibles auprès du D.C.F.), de la législation en vigueur relative à l'inscription au Livres des Origines Français (L.O.F.), tenue par la Société Centrale Canine, des règlements administratifs et de la législation sur l'élevage et la détention d'animaux domestiques.

2. Les lices ne seront saillies, au plus tôt, qu'à partir de 18 mois.

3. Respect des trois courants de sang distincts dans les mariages : a - fauve / fauve, fauve / bringé, bringé / bringé.

4. Pour une même lice, le nombre de portées sur une période de 24 mois est limité à trois.

5. Inscription au L.O.F de tous les chiots conservés sous la mère, jusques et y compris ceux dont la couleur n'est pas conforme (vis -à- vis du standard ou de l'accouplement) - et, pour le (ou les) chiot(s) concemé (s), faire figurer la mention « couleur non confirmable » sur la déclaration de portée (selon les cas : « au titre du standard » ou « au titre du mariage»).

6. Ne pas séparer les chiots de la mère avant l'âge de 6 semaines, et de leurs frères et sœurs avant 2 mois.

7. Céder les chiots sociabilisés et en excellente santé, identifiés, vermifugés et vaccinés (carré, hépatite, et

parvovirose), avec une notice d'élevage et, au plus tôt, à 2 mois ; la toux du chenil et la rage sont conseillées après 3 mois.

8. S'interdire tous propos ou actions susceptibles de porter préjudice à la courtoisie, la convivialité et à l'entraide qui doivent régner au sein du DCF (cf. Statuts).

9. Proposer, d'office, aux acquéreurs d'adhérer au Doggen Club de France.

10. Un local suffisamment accueillant est prévu pour la réception des éventuels acquéreurs et la présentation des chiots.

11. Assurer le bien-être de tous les chiens présents à l'élevage, tant sur les plans sanitaire et psychologique que sur celui de l'espace vital.

12. Ne pas reproduire avec des sujets ayant exprimé une tare reconnue (Wobbler-syndrome, cardiomyopathie dilatée, etc.).

13. Faire figurer la mention « non confirmable » sur toute annonce ou photo pour la vente de chiots à couleurs non conformes.

14. Pour une même lice, le nombre de portées sur une période de 24 mois est limité à trois.

15. Inscription au L.O.F de tous les chiots conservés sous la mère, jusques et y compris ceux dont la couleur n'est pas conforme.

16. Ne pas séparer les chiots de la mère avant l'âge de 6 semaines, et de leurs frères et sœurs avant 2 mois.

17. Céder les chiots sociabilisés et en excellente santé, identifiés, vermifugés et vaccinés (carré, hépatite, et parvovirose), avec une notice d'élevage et, au plus tôt, à 2 mois ; la toux du chenil et la rage sont conseillées après 3 mois.

18. S'interdire tous propos ou actions susceptibles de porter préjudice à la courtoisie, la convivialité et à l'entraide qui doivent régner au sein du DCF (cf. Statuts).

19. Proposer, d'office, aux acquéreurs d'adhérer au Doggen Club de France.

20. Faire systématiquement lire par un lecteur agréé Doggen club de France les radios des hanches et des coudes des reproducteurs avant leur utilisation en saillies. Favoriser les reproducteurs A ou B pour les hanches et 0 ou SL pour les coudes.

Vous devez choisir un élevage sur le site du Club de la race, seuls les élevages sérieux et qui se conforment à l'orientation du club de race, sont référencés.

Vous devrez visiter l'élevage, il ne faudra pas décider avant, et surtout pas par téléphone. Vous prendrez rendez-vous pour une visite.

Lors de la première visite de l'élevage, faites confiance à votre instinct, soyez observateurs, questionnez l'éleveur.

Pour choisir votre chiot il y a le test comportemental élaboré par le psychologue William Campbell à la fin des années soixante, qui a été créé pour prévoir les tendances comportementales des chiots soumis aux ordres et à la domination (physique et sociale) de l'homme. Je conseille le test car le dogue allemand est un chien avec du caractère surtout quand il est jeune.

Le test de Campbell est très utile si l'on n'attend pas d'autres résultats qu'une appréciation de la docilité : ce n'est ni un test d'intelligence ni un test d'aptitude, et l'on ne peut donc pas considérer qu'il va nous fournir des indications allant dans ce sens.

Le test se fait entre quarante à cinquante jours, il dure une demi-heure. Vous choisissez un lieu isolé, tranquille et clos. Il doit y avoir une entrée parfaitement identifiable. Il est indispensable que ce lieu, situé à l'extérieur ou à l'intérieur, soit absolument inconnu du chiot.

Le futur propriétaire du chiot doit demander à exécuter le test lui-même. Le test permet de mesurer le futur lien Chien - Maître.

Si l'éleveur vous dit qu'il a déjà soumis la portée au test, demandez-lui gentiment l'autorisation de le refaire vous-même. S'il refuse, à vous de juger l'éleveur. Sûrement sa notoriété est surfaite. Vous pourrez signaler le fait au club de race.

Vous prenez vous-même le chiot que vous envisagez et vous le conduisez dans une zone choisie pour le test. Cette zone est évidemment convenue avec l'éleveur.

Vous ne devez pas parler au chiot, ni l'encourager, ni le caresser. Si le chiot fait ses besoins pendant le test, ignorez la chose et ne nettoyez l'endroit que quand le chiot sera parti.

Attraction sociale : Posez délicatement le chiot au centre de la zone de test et éloignez-vous de quelques mètres dans la direction opposée à celle de l'entrée. Accroupissez-vous ou asseyez-vous en tailleur et tapez doucement dans vos mains pour attirer le chiot, il doit vous rejoindre.

Aptitude à suivre : Partez d'un point situé à proximité du chiot et, éloignez-vous du chiot en marchant normalement. Le chiot doit vous suivre tout de suite.

Réponse à la contrainte : Accroupissez-vous, retournez délicatement le chiot sur le dos et maintenez-le dans cette position pendant 30 secondes environ en laissant votre main sur sa poitrine. Le chien se rebelle puis se calme et vous lèche.

Dominance sociale : Baissez-vous et caressez doucement le chiot en partant de la tête et en continuant par le cou et le dos. Le chiot se retourne et vous lèche les mains.

Dominance par élévation : Prenez le chiot sous le ventre en croisant vos doigts, les paumes des mains vers le haut. Soulevez-le légèrement du sol et maintenez-le ainsi pendant 30 secondes environ. Le chiot se rebelle puis se calme et vous lèche les mains.

Le test est modulable, je vous ai donné les meilleures réponses du chiot.

Certains chiots, ont tendance à réagir d'une façon agressive, et pourraient même mordre. Ils ne conviennent pas à des enfants jeunes ou à des personnes âgées, car ils ont trop de caractère.

Certains chiots, ont tendance à se faire valoir. Une éducation douce et cohérente sera impérative. Ils ne sont pas recommandés dans les familles où vivent déjà d'autres chiens du même sexe.

Certains chiots, sont extrêmement soumis, et devront recevoir beaucoup de douceur et de gratifications pour avoir confiance en eux et parvenir à s'adapter le mieux possible au milieu humain. Ils cohabiteront difficilement avec des enfants.

Le chiot a répondu comme je vous l'ai indiqué, il est complètement équilibré et pourra s'adapter partout, même s'il y a des enfants ou des personnes âgées. Il a un degré élevé de docilité.

Comprenez que nous n'appréhendons pas la dominance qui est un facteur lié à la meute, mais bien la docilité et donc la facilité d'éducation.

Maintenant vous pouvez réserver votre bébé. Vous poserez une option ferme et vous donnerez un acompte.

Vous viendrez voir l'évolution de la portée lors d'une deuxième visite dès que les chiots auront soixante jours. Vous pourrez vérifier que le chiot choisi est toujours équilibré, simplement en faisant quelques jeux. Soulevez-le, appelez-le, grattez-le, tous vos gestes seront d'abord un peu refusés, puis acceptés.

L'ARRIVÉE DU CHIOT

Avant de voyager, vous avez réglé les dernières formalités, et vous avez été particulièrement attentifs aux vaccinations. Vous avez un carnet de santé, un Livret des Origines Familiales, un carnet de vaccinations et une facture.

Pour votre voyage, sachez que le chiot est un être fragile qui va pour la première fois vivre ce qui est pour lui un drame. Alors soyez compréhensifs envers votre chiot.

Vous ferez une halte par heure. Vous avez de l'eau, une gamelle, du papier absorbant, deux serviettes, et une vieille chemise à vous.

Pourquoi vous demandez-vous ? Et bien la chemise va beaucoup servir plus tard, car elle sera imprégnée de votre odeur, et deviendra une ancre pour le chien.

Lorsque le chiot entre à la maison, il faut qu'il trouve un coin prêt pour lui. Il aura un panier avec un tapis moelleux. S'il vous plaît éviter l'osier car le chiot va déchiqueter et engloutir des morceaux. Vous aurez prévu deux écuelles si possible en acier et des jouets. Il devra y avoir deux types de jouets, pour s'amuser, et pour travailler.

Ne donnez pas de jouets en mousse ou en plastique que le chiot va détruire et dont il avalera des morceaux. Je préconise des balles rondes.

Offrez à votre chiot un coussin de panier très confortable et si possible avec une housse lavable.

Il ne faudra pas donner de suite ses jouets au chiot.

Vous devrez attendre au minimum trois jours avant de jouer avec lui. Ensuite vous pourrez laisser une balle à la disposition du chiot.

Les jouets de travail vous les garderez pour l'apprentissage avec le chien. Cette procédure est la base de l'éducation du chien.

Le chiot en arrivant va devoir s'habituer à son chez lui et à sa nouvelle famille. Soyez patients, laissez le chiot prendre ses marques. Vous devrez attendre que votre chien soit en sécurité et se sente protégé avant de le solliciter.

À son arrivée, vous allez d'abord continuer les câlins. Puis doucement à son grès laisser le chiot explorer sa nouvelle maison. À ce moment-là, il y aura peut-être un besoin urgent. Faite comme si de rien n'était. S'il vous plaît ne montrez pas au chien que vous nettoyez, ne marquez pas le moment des besoins sinon vous augmenterez le temps que le chiot mettra à être propre.

Si vous avez un jardin, vous pourrez anticiper le moment du besoin urgent. Votre chiot sera très vite propre.

Le chiot fourrera son museau partout, laissez-le faire pour qu'il puisse se familiariser avec son milieu. Comme il va à un moment faire une bêtise, votre première leçon d'éducation va commencer.

Vous devez savoir dire « **NON** » et de façon sèche. C'est très important.

Ne vous inquiétez pas, si vous devez répéter. Pendant les deux premières semaines, c'est juste un « **NON** » que vous répéterez autant de fois que nécessaire. Surtout il ne doit pas y avoir de punition.

Ne vous précipitez pas au moindre gémissement du chien, sous peine d'en faire un mauvais comportement.

Le chien vit sa vie, vous vivez la vôtre. Il y a des moments : pour le jeu, pour l'éducation, pour le repas, pour courir et pour se reposer. Ce n'est pas le chien qui décide.

Éviter l'accident en apprenant à bien soulever le chiot, mettez une main sur la poitrine, mettez l'autre main sous les fesses.

Après une semaine vous ne direz « **NON** » que deux fois. Si le chien continue, vous n'insisterez pas. Vous changerez de stratégie. Première leçon il ne faut pas crier. Deuxième leçon il ne faut jamais toucher le chien pour le contraindre.

Vous allez associer l'ordre « **NON** » à un bruit. J'ai choisi la bouteille d'eau en plastique vide que j'ai remplie de petits cailloux et que j'ai bien bouchonnée. Vous lancerez la bouteille à droite ou à gauche du chien en donnant sèchement l'ordre « **Non** ». S'il vous plaît ce n'est pas un jouet mais un outil d'éducation, alors ne donnez pas la bouteille au chiot. Je dis à droite ou à gauche et suffisamment loin de lui. C'est juste fait pour détourner son attention. L'erreur sera de toucher le chien avec la bouteille car vous le rendrez peureux.

Le chiot devra rester une semaine dans sa maison avec sa famille. Il ne devra pas rester seul car il serait désorienté et stressé. Et malheureusement votre chiot répondra à sa façon à son déséquilibre. Attention à ne pas exposer le chiot car son système immunitaire est inexistant pour l'instant.

Après une semaine, sortez et laissez le chien seul chez vous cinq minutes puis revenez. Félicitez-le, il est resté tranquille, il sera content de vous revoir. S'il a fait un besoin, ou une bêtise, faite comme si de rien n'était. Vous pourrez diminuer le temps, et mettre trois minutes. En général nous commençons par cinq minutes, puis dix minutes, faites-le tous les jours, et augmentez la durée. Le chien n'a pas la notion du temps. Mais, il a peur de l'abandon. Alors transformez la notion d'abandon en attente positive.

À partir de deux semaines chez vous le chien devra sortir et là aussi vous devrez respecter une procédure. Pour sa première sortie le chien sera avec une laisse et un collier en cuir et surtout pas de collier étrangleur et encore moins de collier électronique.

Vous maîtrisez le premier commandement qui est le « Non ». Vous allez travailler l'ordre « Au pied ». Vous vous rendez dans un endroit calme et vous allez apprendre au chien à marcher à côté de vous. Commencez par mettre votre chien à votre gauche, puis commandez « nom de votre chien - au pied » et avancez la jambe gauche. Le mousqueton doit tomber librement, le chien doit avoir les épaules au niveau de votre genou. Le chien doit vous suivre mais pas vous devancer. Surtout allez-y doucement, vous ne corrigez pas le chien, vous lui apprenez. Ne vous inquiétez pas, il comprend.

Votre ordre sera toujours « nom de votre chien - au pied » et vous ramènerez délicatement le chien en bonne position. J'ai dit délicatement car c'est un chiot. Mais il a le droit de sortir, et en tout cas il ne doit pas apprendre un mauvais comportement. N'allez pas vous compliquer la vie, pour plus tard.

Le chien est en apprentissage. Soyez compréhensifs. Avez-vous appris immédiatement ?

Pour l'instant limitez-vous à l'apprentissage de la marche en laisse. Et ne brûlez pas les étapes. Vous avez remarqué que nous avons commencé tôt son éducation.

Les sorties devront être progressives en durée et en complexité. N'exposez pas votre chiot au centre-ville un samedi aux heures de pointe.

Commencez par des balades en campagne, puis en ville dans un endroit protégé du trafic, puis petit à petit exposez le chien.

Tôt ou tard votre chien aura peur. S'il vous plaît n'ancrez surtout pas ce comportement. Faites comme si de rien n'était et continuez à marcher. Il ne faut jamais féliciter un chiot pour un comportement inadéquat.

Je vous résume ma méthode pour le chiot : l'ancrage et le renforcement positif. Rien d'autre.

Quand on désire un peu de tranquillité à la maison, on

peut utiliser un enclos pour chiot. Le chiot doit avoir un repère, c'est son panier. Il doit de lui-même s'habituer à s'y rendre. C'est son coin, les enfants n'ont pas le droit d'y aller.

Vous pouvez aussi avoir une cage de transport métallique, elle servira notamment lors des concours. Il faut l'y habituer dès son plus jeune âge, en le mettant dedans.

Pour amener le chien à utiliser son panier puis à accepter sa cage de transport, il faut y placer au début un os à mâcher, ou de la panse à mordiller, ou des oreilles à lécher, son jouet préféré et surtout sous le coussin la chemise qui a été utilisée pour l'arrivée du chien et qui porte votre odeur.

Ne l'oubliez pas l'ancrage olfactif est une façon de rassurer le chien. Vous voulez l'habituer à rester seul un moment dans la voiture, à l'hôtel, chez des proches, chez des amis, il faudra utiliser l'ancrage olfactif pour que le chien reste serein. Bien entendu l'apprentissage est obligatoire, c'est de l'immersion puis de la répétition. Donc apprenez au chien, puis répétez.

Prenez votre temps, le chien apprend très vite, mais ce n'est pas un robot et parfois il fait son caractère. Dans ce dernier cas restez gagnants en n'insistant pas.

Le chiot ne devra jamais être dérangé lorsqu'il se trouvera dans son coin. Le chiot doit avoir à boire en permanence. Lorsque je me déplace je pense à amener de l'eau pour le chien. Un chien boit beaucoup, et de l'eau saine et propre.

Le chiot mange à heure fixe une ration prévue et si possible une alimentation de qualité. Il a 20 minutes, puis vous enlevez la gamelle.

J'utilise personnellement des croquettes bios, sans excès de céréales. Ne donnez pas en dehors du repas.

Pour les friandises, vous devez comprendre qu'elles sont nécessaires à l'éducation du chiot et plus tard du chien. Je me répète il faut travailler en renforcement positif. Donc la récompense est un outil d'éducation. Seulement la récompense est calorique. J'utilise du cœur de bœuf qui est une friandise sans gluten, sans sucre, sans sel.

Il est important de commencer très jeune à habituer votre chiot aux soins quotidiens : oreilles, yeux, brossage…

On peut croire que votre chiot est équipé de piles longue durée, mais il a besoin de beaucoup de repos pour grandir. Plus votre chiot est grand, plus il est enclin à des problèmes d'articulation, et les jeunes chiens peuvent développer des problèmes graves s'ils font trop d'exercice.

Attention aux exercices violents, aux escaliers, aux courses rapides, aux randonnées trop longues, trop d'exercices peuvent nuire à sa santé.

Le chiot ne doit pas dépasser ses propres limites. Vous devez être très prudent pendant sa croissance car il développe son ossature et trop d'exercices peuvent engendrer des accidents. Limitez vos balades à 5 minutes au début et augmentez progressivement. Ne pas dépasser 30 minutes par séance jusqu'à 8 mois (la croissance rapide se produit entre 2 et 8 mois). Ensuite, continuez très graduellement jusqu'à ses 2 ans.

C'est important de ne pas confondre vitesse et précipitation, dans l'éducation de votre chiot.

Les chiots adorent jouer, mais ont besoin de beaucoup de siestes entre les jeux et les repas.

Ne faites pas jouer votre chiot immédiatement après les repas il risque une torsion d'estomac qui est mortelle si elle n'est pas soignée immédiatement.

LA PROPRETÉ DU CHIOT

Pour votre chiot, la propreté signifie naturellement de ne pas faire sur son lieu de couchage ni dans l'endroit où il y a sa nourriture.

Pour faciliter l'apprentissage vous devez respecter quelques règles.

Distribuez la nourriture à heure fixe et si possible pas le soir tard.

Laissez manger le chien seul au calme et lui retirer sa gamelle vingt minutes après la lui avoir donnée. Qu'elle soit vide ou pas.

Toujours laisser de l'eau propre disponible.

Sachant que le chiot se soulage après l'ingestion de nourriture, sortez-le juste après avoir mangé, mais surtout il ne faut pas le faire pas courir.

Un chiot dort beaucoup, il va donc se reposer de nombreuses heures et souhaite se soulager presque automatiquement à son réveil. Sortez-le juste après le repos.

Un chiot de 8 semaines ne peut pas se retenir plus d'une heure ou 2 dans la journée, 3 ou 4 heures la nuit, donc soyez patients. Vous pouvez gérer les heures pour sortir le chien aux moments qui correspondent à ses besoins. Je vous assure que cela fonctionne très bien. Sortez le chien après les repas, après les siestes, après les séances de jeux, le soir avant le coucher et le matin après votre réveil.

Il ne faudra pas attendre du chiot une réelle capacité à

se retenir plusieurs heures avant l'âge de 6 mois.

Vous devez sortir le chien trois fois par jour au minimum et à des heures régulières. C'est ce conditionnement qui amènera plus rapidement la propreté.

Le chiot va naturellement se soulager dans la maison, surtout ne le punissez pas. Mais n'ancrez pas ce mauvais comportement. Faite comme si de rien n'était.

Sortir le chiot souvent et dès son plus jeune âge est une évidence. Au début choisissez de le conduire en laisse dans des endroits tranquilles et propres.

Les endroits bruyants, très fréquentés de gens et de congénères sont à proscrire.

Il est conseillé de sortir le chiot avant ses 3 mois. Le risque infectieux est minime. Par contre pour son éducation c'est génial. Il deviendra plus vite équilibré et capable de faire ses besoins en laisse où que vous alliez.

Et même si votre chiot dispose d'un jardin, cela ne dispense surtout pas de le sortir.

Enfin pas de fixation sur la propreté, elle viendra entre six et huit mois.

Tordons une fois de plus le cou à une idée répandue : on ne met pas le museau du chien dans sa merde ! c'est insensé. Vous n'aurez jamais un chien équilibré avec ce genre de méthode. À l'inverse le chien finira par devenir craintif, car la punition l'attend à tout bout de champ.

LA VIEILLESSE DU CHIEN

Avoir un chien c'est être attentif aux signaux qu'il vous envoie. Graduellement moins beau, moins actif, moins présent, l'animal âgé est plus fragile qu'un jeune adulte et doit donc faire l'objet d'observations et d'attentions toutes particulières.

L'espérance de vie d'un Berger Portugais est estimée à onze années environ. Même s'il est très robuste, et qu'il s'acclimate à tous les climats, il va vieillir et aura besoin d'un nid plus douillet.

Une nourriture adaptée lui sera nécessaire dès qu'il atteindra huit ans, car il aura tendance avec l'âge à prendre du poids inutilement, ce qui pourrait l'incommoder, voire le rendre malade. Les croquettes Bios seront précieuses.

L'allongement du temps de repos et de sommeil, est normal, et ne devra donc pas être une inquiétude.

Mais lentement l'animal peut venir à souffrir dans sa locomotion, s'essouffler, mal entendre ou mal voir.

Le cerveau est concerné par le vieillissement. Son inévitable dégénérescence entraîne et accompagne progressivement des troubles de l'humeur et du comportement.

Les signes du 3e âge se voient donc sur le plan physique, psychologique et comportemental.

Un nouveau compagnon lui serait-il profitable ? Il vaut mieux s'abstenir de lui amener « dans les pattes » un chiot turbulent par nature, qui risque de le bousculer et l'épuiser avec sa vitalité débordante et ses mordillements.

Mais, et c'est mon expérience, si l'on introduit un jeune animal dans le groupe familial en début de phase senior quand le chien est encore bien actif, alors c'est bénéfique pour les deux.

Le jeunot va faire maints apprentissages par imitation avec son « vieux copain » mais les mauvaises habitudes et les bonnes habitudes seront transmises.

Stimulés, mes chiens seniors ont toujours retrouvé une seconde jeunesse, mais j'ai veillé au grain, en étant juste.

Votre chien ne passe plus son temps qu'à dormir et semble devenir comme plus « mécanique », à n'être plus intéressé que par sa gamelle et l'heure des sorties : il faudra devenir encore plus indulgent pour l'accompagner jusqu'à sa fin. Maintenir son vieil animal en vie dans le confort jusqu'à sa mort, c'est formidable. C'est cela être un maître responsable.

Mes vieux chiens se sont tous mis à déambuler et à donner l'impression de se « perdre » dans leur environnement habituel, mais j'ai toujours laissé faire, et aider mes chiens à mieux vivre leur 3e âge. Des visites régulières chez le vétérinaire, s'imposent à « l'âge mûr » sachant qu'aucun traitement ne pourra jamais rajeunir un vieil animal, mais souvent lui assurer une qualité de vie plus optimale.

Veiller à lui ménager une place de repos plus moelleuse et plus au calme, car tout en gardant le contact avec la vie de famille, l'animal a besoin de plus longues périodes de sommeil. Sans le reléguer, il faut le protéger notamment de l'agitation.

La perte d'appétit ou au contraire la boulimie, l'incontinence nocturne, des constipations en alternance avec des diarrhées sont autant de points de repère de l'affaiblissement des fonctions vitales de l'organisme de l'animal. À ce stade, il fait échanger avec le vétérinaire.

Eh ! Oui, ils vieillissent ! ils ont alors besoin de nous. Soyons présents. Aidons-les. Alors je vais vous donner des trucs :

Par temps doux, un brossage précautionneux adapté une fois encore aux raideurs, douleurs, ou imperfections de la peau, est bénéfique. Il permet la surveillance de grosseurs, de présence de parasites nuisibles, etc. tout en maintenant le contact corporel et la tendre complicité avec un animal, que ses facultés sensorielles diminuées isolent un peu, toujours pour les raideurs douloureuses, alors attention à l'essuyage des pattes sales.

Maintenez une activité modérée avec votre vieux chien, et pas de « retraite brutale » à celui qui sortait avec son maître sous prétexte qu'il n'est plus performant.

Veiller plus souvent au niveau d'eau de la gamelle d'un animal dont la soif est augmentée (sans chercher à réduire sa consommation, sous prétexte de mictions plus fréquentes).

Certains facteurs influent sur la longévité de nos chiens. Le code génétique bien sûr, mais spécialement tout le soin que l'on a pris d'eux dès leur jeune âge, pour leur assurer une bonne condition physique et psychique (l'une n'allant pas sans l'autre).

L'ÉDUCATION DE BASE

L'éducation d'un dogue allemand ne pose pas de difficultés, mais il a besoin de fermeté sans brutalité, sinon il se braque et il devient difficile d'en tirer quelque chose, c'est un grand sensible. Il obéit parce qu'il veut faire plaisir à son maître et non parce qu'il le craint.

Contrairement aux idées reçues c'est un chien intelligent avec lequel il est possible de pratiquer des activités canines (obéissance, agility, obérythmée, canicross...), une fois la croissance terminée et... à condition ne pas viser la compétition.

N'oubliez pas que pour être heureux et que le maître le soit aussi, un chien a besoin de savoir rester à sa place de chien dans la famille. Vous devez, en douceur mais avec obstination, obtenir ce que vous souhaitez de votre chiot et ne pas vous laisser mener par le bout du nez par son attitude enjôleuse.

La méthode douce est privilégiée, tant la gentillesse de cette boule de poils est flagrante. Il est joueur, calme et intelligent, certes, mais il ne faut pas le laisser faire n'importe quoi, sans quoi il aurait vite fait de prendre le dessus sur vous.

Il serait très vite envahissant. Une complicité peut se nouer entre lui et vous. Celle-ci se créera dès le départ, lorsqu'il comprendra qu'il se fait gronder de manière justifiée et qu'il sera récompensé comme il le mérite. Le Berger Portugais est un chien intelligent est doté d'une bonne mémoire ce qui facilite son éducation. Il est indispensable d'utiliser un dressage basé sur le renforcement positif, la fermeté et la douceur. En effet, très sensible, il n'aime pas tout ce qui est violent et brutal. Très désireux d'apprendre, il a besoin d'être félicité quand il réussit. Son adolescence est une étape un peu plus délicate parce qu'il perd confiance en lui et devient un peu plus agressif envers tout le monde. Il faut le rassurer.

Une formation à l'obéissance précoce et une bonne socialisation sont recommandées. Il faut savoir que c'est une race mentalement et physiquement qui a été sélectionné pour ses qualités de ratier. Au passage à l'adolescence sa sensibilité sera décuplée. C'est une période où la sévérité du propriétaire peut lui être difficile à vivre. Pour l'aider mon conseil est de le socialiser.

À partir de sa huitième semaine, le chiot peut de manière légale quitter l'endroit où il est né.

Il va falloir qu'il découvre sa nouvelle « maison » et poursuive l'apprentissage de la vie, de ce qui l'attend dans les mois et années à venir.

Des expériences nouvelles sont indispensables aux chiots pour acquérir un équilibre comportemental satisfaisant à l'âge adulte, cette confrontation avec le monde qui l'entoure devant se réaliser dans de bonnes conditions (absence d'éléments anxiogènes).

Le chiot a grandi aux côtés de sa mère qui lui a inculqué quelques règles. Dans le meilleur des cas, il était aussi entouré de frères et sœurs avec lesquelles il a pu échanger, jouer et apprendre aussi le partage. S'il a vécu à la campagne et qu'il se retrouve en ville – ou inversement – cela constitue un premier grand changement dans sa vie. Aussi l'éleveur a eu une influence sur les habitudes du chiot.

De nouveaux bruits, puis un nouvel environnement, les premiers jours, cela fait beaucoup d'un seul coup ! C'est pour cela qu'il convient de l'accueillir avec calme.

Le chiot doit une semaine après son arrivée être manipulé régulièrement mais précautionneusement, et confronté en douceur et de manière progressive aux différents bruits de la vie courante, il sera plus rapidement à l'aise.

Ensuite, il devra être confronté aux bruits, de la télévision, de la radio, de l'aspirateur, du balai que l'on passe non loin de son museau, aux voisins dans l'escalier ou le jardin, aux visites d'amis. Une astuce si vous avez un chiot craintif, il suffit d'utiliser des enregistrements de bruits divers. Au fur et à mesure qu'il y sera exposé sa crainte s'estompera. Une erreur à éviter est de prendre le chien et de le consoler s'il a eu peur. Vous devez faire comme de rien n'était.

Le chien vacciné vous devez l'emmener le plus possible sans craindre pour sa santé.

Apprenez-lui progressivement à s'habituer à tous les bruits, à tous les lieux. Ces petites incursions alors qu'il est tout jeune lui éviteront de nombreux problèmes plus tard dans sa vie. Et surtout, surtout faites-lui croiser des gens. Arrêtez-vous, serrer des mains et habituez-le aux enfants de la rue qui veulent le complimenter.

Tordons le cou encore à une idée reçue, le chien ne devrait jamais être caressé par des étrangers. Pas de chance c'est exactement l'inverse. Il faut le socialiser sinon il aboiera sur tout ce qui passe à sa portée.

Les chiots devraient être présentés à des enfants de tous les âges ; s'il n'y en a pas dans la maison, trouvez-en. Par contre, il doit toujours y avoir un adulte qui supervise lorsque les enfants sont avec le chiot de manière à ce que les jeux ne deviennent pas trop houleux et que le chiot ait une expérience positive.

Éduquer le chiot en l'habituant aux autres chiens est essentiel. Une des meilleures manières d'apprendre les bonnes manières canines est de permettre à votre chiot de rencontrer un chien adulte. Les chiens adultes font attention aux chiots, c'est leur nature. Exposez le chiot progressivement à des congénères adultes, et s'il y a agressivité vous devez stopper immédiatement le chiot. De sa faute ou pas, provoqué par un autre ou pas, peu importe.

Apprenez à votre chiot à accepter d'être manipulé par d'autres que vous dès son plus jeune âge. Demandez à vos amis de procéder doucement à l'examen des oreilles, des yeux, de la queue, des gencives et des dents de votre chiot. Donnez une petite récompense au chiot pour avoir permis ceci.

Les traumatismes psychologiques existent, alors éviter absolument l'autoritarisme ou pire de la violence.

Plus le chien aura de contacts avec divers milieux et différentes personnes, et plus il aura confiance en lui. N'arrêtez jamais de le socialiser, c'est le seul moyen pour que le terrier qu'il est devienne un chien de compagnie agréable.

LA SANTÉ

Pour prendre soin de votre chien, il faut vous équiper avec : ciseaux, pince à épiler, seringue anti-venin, coupe griffe, attelle, canne télescopique. Attention, vous n'êtes pas vétérinaires. Il est utile de prévoir quelques médicaments chez soi et en déplacement pour assurer soins et gestes de première urgence.

Il faut : des compresses, du désinfectant, du sparadrap, des bandes, du savon de Marseille, un sérum physiologique pour les yeux, une crème antibiotique pour les plaies, de l'éther pour les tiques, un pansement intestinal pour les diarrhées. Vous faites de la randonnée, vous partez sur une nationale, organisée par la SCC ou par votre club. Vous voyagez en camping-car. Vous partez dans un gîte isolé. Alors vous devez rajouter : une boîte d'antibiotiques pour éviter les allergies, un anti-vomitif, une protection contre les puces, un vermifuge, une crème contre la maladie de la gale pour les oreilles et une crème anti-aoûtats.

Vous pouvez également constituer une pharmacie médicale en cas de troubles légers ou pour prendre les premières mesures d'urgence sachant qu'il vous faut consulter pour des symptômes qui durent. Voici les produits en fonction des différentes affections.

Pour les problèmes de peau il y a les antiseptiques représentés par l'Alcool, la Bétadine, l'Alcool iodé, le Bleu de Méthylène, l'Eau Oxygénée, l'Éther ou la solution de Dakin. Attention ces produits sont souvent irritants en solution pure. La dilution dépend du produit et de son utilisation ponctuelle. Le savon de Marseille est l'antiseptique le plus simple qui, utilisé correctement, est très efficace pour la désinfection des plaies diverses.

Une plaie infectée doit être savonnée, rincée à grande eau. On applique ensuite des antiseptiques, de l'alcool ou de la teinture d'iode. L'eau oxygénée est très utile pour rendre une plaie propre. Elle permet, en effet, d'ôter toutes les traces de sang. Les sprays antibiotiques s'utilisent pour éviter les infections locales.

Pour tous les autres problèmes de peau, il vous faudra un produit contre la gale à base de Lindane, un produit antimycosique pour la teigne en spray et en comprimés. Une lotion anti-inflammatoire vous permettra de lutter contre les allergies et eczémas divers.

Pour les troubles digestifs sachez que la diarrhée est fréquente chez les chiens. Il est indispensable que votre pharmacie comporte un pansement gastrique sous forme de poudre ou de gel. Un antispasmodique pour lutter contre les mouvements de l'intestin. Un antibiotique agissant sur les germes digestifs. Pour la constipation, de l'huile de paraffine sera parfaite.

Pour les infections les antibiotiques sont obligatoires pour pallier toute infection. Attention une ordonnance doit toujours les accompagner. Concertez-vous avec votre vétérinaire en lui expliquant que vous vous déplacez souvent même le week-end et qu'il n'est pas aisé de trouver des urgences pour chien un dimanche.

Vous déterminerez avec votre vétérinaire la liste d'antibiotiques en fonction de votre chien.

LA NOURRITURE

Privilégié la qualité de nourriture c'est impératif pour la croissance d'un dogue allemand. Le chiot mange des croquettes dont le taux de protéines se situe entre 28 et 32 %. Le passage aux croquettes adultes doit se faire en fonction de la morphologie et du "matelas graisseux".

La meilleure croquette est celle qui est Bio, mais le marché étant vaste vous avez le choix. Vos croquettes ne sont pas acceptables si le chien digère mal et montre des flatulences, ou s'il y a présence de diarrhée ou si les selles ne sont pas formées.

Il ne faut pas trop nourrir et si possible il faut fractionner en 3 repas pour le dogue allemand jusqu'à trente mois, puis 2 repas ensuite. Il faudra éviter toutes les activités pendant au moins une heure et demie après le repas, mais vous pouvait vous balader car les besoins arriveront.

Ma façon de nourrir et de soigner mes chiens correspond à ma pratique, mais vous pouvez échanger avec votre vétérinaire, mais il est prudent de prendre plus d'un seul avis.

LA SEXUALITÉ

La maturité sexuelle du chien se produit autour du septième mois chez le mâle, et entre sept et dix mois chez la femelle. Par contre, le chien peut manifester des désirs sexuels dès l'âge de sept semaines, sous forme de jeux où l'accouplement est simulé. La femelle connaît des périodes de chaleurs ou œstraux, en général, tous les six mois. Il arrive que cet intervalle varie entre 4 et 8 mois. Ces périodes se produisent au printemps et à l'automne ; elles correspondent à l'ovulation et dure de 15 à 20 jours. La fécondation peut se produire entre le septième et le quatorzième jour. L'urine contient alors des phérormones qui attirent les mâles. La chienne a des segments généralement appelés menstruations, bien que le terme exact soit diapédèse. Il s'agit de globules rouges qui traversent la paroi. Si un mâle montre de l'intérêt, la chienne fera savoir son contentement en plaçant sa queue de côté, pour présenter son vagin.

Lors de copulation, un bulbe sur le pénis du chien se gorgera de sang. Le chien ne pourra se séparer de la femelle tant qu'il ne se désengorgera pas, cela peut prendre de 15 à 20 minutes. Attention, il est très important de ne pas tenter de séparation sous aucun prétexte cela risquerait de déchirer le vagin de la femelle.

Si vous voulez faire s'accoupler deux chiens, il est préférable d'emmener la femelle chez le mâle car ce dernier peut refuser de copuler en territoire inconnu ou s'il a peur. Il est à noter que le mâle est le seul à posséder un os dans le pénis, appeler os pénien. Il arrive qu'il y ait des cas d'homosexualité chez le mâle. Ce comportement est dû à une frustration sexuelle. Cette frustration peut provoquer de l'agressivité et des fugues. Chez la femelle, les fugues sont un peu plus rares, mais elle peut devenir surexcitée.

De nombreuses personnes ont aujourd'hui encore du mal à prendre la décision de la contraception canine. Pourtant, si vous ne désirez pas faire un élevage, c'est la meilleure solution.

Les chaleurs apparaissent environ deux fois par an, et durent en général 3 semaines. Hormis ces deux périodes de l'année, sachez que votre chienne n'a nulle envie de se reproduire et, contrairement aux idées reçues, elle n'a pas besoin d'avoir été au moins une fois en relation avec un mâle pour être équilibrée.

Il faut savoir que la contraception par piqûres ou par comprimés est une solution.

Le traitement va supprimer les chaleurs mais n'aura aucun effet d'éventuels désordres hormonaux, dus à la présence des ovaires, et qui peuvent entraîner parfois des maladies. Mais dans la nature la louve n'est pas stérilisée. Pour moi le problème est surtout de ne pas faire l'apprenti éleveur.

La stérilisation chirurgicale a pour but l'ablation des ovaires, avec ou sans l'utérus. Cette opération est très commune et pratiquée par tous les vétérinaires. Certains vétérinaires conseillent de faire stériliser la chienne entre les premières et deuxièmes chaleurs. Je n'en comprends pas la raison.

Vous pouvez également opter pour la ligature des trompes. Mais sachez que cette intervention ne supprime pas les chaleurs. Votre chienne ne pourra simplement pas avoir de petits.

La stérilisation augmente les risques de prise de poids. Il est très important de surveiller l'alimentation de la chienne pendant les 3 mois qui suivent l'opération et de lui faire faire de l'exercice.

Il faut savoir que le comportement du chien dépend surtout de son instinct et de ses hormones, et qu'il ne sera pas malheureux s'il est castré.

S'il n'est jamais en présence d'une femelle en chaleur, un chien n'éprouvera pas le besoin de se reproduire.

La situation est au contraire plus compliquée s'il est stimulé par la présence de femelles, mais qu'il n'y a pas de contact physique. Le chien sera alors surexcité et il faudra avoir recours à un traitement hormonal pour le calmer.

La castration se fait vers l'âge de 10 ou 12 mois, avant la puberté.

Un chien non castré devient fugueur en période de chaleurs et souvent surexcité. En présence d'une femelle en chaleur, il n'écoutera que son instinct sexuel et ignorera vos rappels à l'ordre. Il faut donc en être averti, et au moins utiliser la castration médicamenteuse en étant prévenant dans les deux périodes à risque.

La vasectomie est une ligature des canaux spermatique le chien reste capable de saillir. C'est une option.

À titre personnel, je suis surpris du discours des comportementalistes canins qui sont en même temps vétérinaires et prônent la satisfaction des besoins primaires du chien mais veulent la contraception irréversible. Avouons que l'acte chirurgical qui rapporte entre 200 et 300 euros reste la contraception.

À titre personnel je pratique la contraception réversible avec mes chiens et une veille attentive lors des moments du printemps et l'automne.

Pour mes femelles. Je fais appel à des hormones de synthèse empêchant la survenue de l'ovulation mais aussi des chaleurs. Les molécules utilisées sont des dérivés de synthèse de la progestérone (progestagènes ou progestatifs). Il faut les utiliser en anoestrus, pour retarder l'apparition de l'oestrus ou en début de pro oestrus, pour interrompre les chaleurs. Les progestagènes exercent une action hormonale qui va aboutir au blocage de la maturation des follicules et de l'ovulation. L'emploi de progestatifs étant accompagné d'un certain nombre de complications, il conviendra, avant de les utiliser pour la contraception, d'avoir une bonne connaissance du cycle oestral de la chienne, et de faire réaliser examen médical préliminaire par un vétérinaire pour détecter une pathologie qui constitue une contre-indication à l'utilisation de ces molécules. Il conviendra d'être prudent quant à l'utilisation des progestatifs surtout chez les lévriers.

Pour mes mâles je recours à la castration chimique avec implant de Desloreline sous le nom de Suprelorin. Ce dernier libère des hormones en continue qui castrent chimiquement le chien pendant environ 12 mois. La stérilité est effective dans les 4 à 6 semaines après l'implantation. Les effets sont complètement réversibles L'implant s'injecte sous la peau sans anesthésie générale et ne gêne en aucun cas l'animal. Plusieurs implants peuvent être injectés à la suite.

J'invite le lecteur à comprendre que je partage mon expérience. Il faut lire, s'instruire, échanger sur ce sujet, car une contraception définitive est un choix important.

Mais de grâce que les théoriciens arrêtent de dire des contre-vérités. Les fugues, les bagarres entre mâles, les comportements de domination, le marquage, se gèrent très bien par l'éducation et par une attention soutenue en période de chasse des femelles.

Disons la vérité il y a d'autres raisons que celles évoquées, comme les trafics, la concurrence entre particuliers et professionnels, l'intérêt économique des vétérinaires, l'absence de suivi et l'augmentation de la bâtardise.

L'élevage est un métier, il est réglementé et protégé. La majorité des éleveurs sont d'excellents professionnels. Sachez que la consanguinité doit être maîtrisée, et que le brassage entre lignées est absolument nécessaire pour éviter les tares génétiques. Des particuliers avertis avec des chiens sélectionnés qui travaillent avec des éleveurs, c'est une bonne chose. La reproduction sauvage est un vrai fléau.

FIN

Le code de la propriété intellectuelle n'autorisant, aux termes de l'article L. 122 — 5, 2 ° et 3 ° a, d'une part, que les « copies ou reproductions strictement réservées à l'usage privé du copiste et non destinées à son utilisation collective » et, d'autre part, que les analyses et les courtes citations dans un but d'exemple et d'illustration, « toute représentation ou reproduction intégrale ou partielle faite sans le consentement de l'auteur ou des ayants droit ou ayant cause est illicite » (art. L. 122-4). Cette représentation ou reproduction, par quelque procédé que ce soit, constituerait donc une contrefaçon sanctionnée par les articles L. 335-2 et suivant du Code de la propriété intellectuelle.

Le droit d'auteur français est le droit des créateurs. Le principe de la protection du droit d'auteur est posé par l'article L. 111-1 du code de la propriété intellectuelle (CPI) qui dispose que « l'auteur d'une œuvre de l'esprit jouit sur cette œuvre, du seul fait de sa création, d'un droit de propriété incorporelle exclusif et opposable à tous. Ce droit comporte des attributs d'ordre intellectuel et moral ainsi que des attributs d'ordre patrimonial ».

Les illustrations augmentent considérablement le coût d'impression, comme je souhaite proposer des guides à un prix qui reste abordable je vous invite à consulter mon blog : chien.revolublog.com, ou vous trouvez des photos, des articles et d'autres informations.

François Kiesgen de Richter